3. Lesestufe

Manfred Mai

Eine Klasse im Fußballfieber

Mit Bildern von Heribert Schulmeyer

Ravensburger Buchverlag

Bibliografische Information Der Deutschen Bibliothek:

Die Deutsche Bibliothek verzeichnet diese Publikation
in der Deutschen Nationalbibliografie.
Detaillierte bibliografische Daten sind im Internet
über **http://dnb.ddb.de** abrufbar.

Die Schreibweise entspricht den Regeln
der neuen Rechtschreibung.

6 7 06

Ravensburger Leserabe
© 2004 Ravensburger Buchverlag Otto Maier GmbH
Umschlagbild: Heribert Schulmeyer
Umschlaggestaltung: Sabine Reddig
Redaktion: Claudia Ondracek
Printed in Germany
ISBN 3-473-36022-8

www.ravensburger.de
www.leserabe.de

Inhalt

Das Wichtigste im Leben	4
Das erste Training	13
Kribbeln im Bauch	23
Doppelpass	30
Ein Liebespaar	42
Eine Überraschung	50
Ich dich auch	56
Die Mannschaftsaufstellung	66
Platzen vor Glück	75
Leserätsel	88

Das Wichtigste im Leben

Nach der großen Pause steht Deutsch auf dem Stundenplan der Klasse 4b. „Vielleicht liest uns Herr Ammann mal wieder etwas vor", sagt Lisa zu ihrer Freundin Aylin.

„Glaub ich nicht, wir müssen bestimmt wieder fürs nächste Diktat üben."
„Red bloß nicht von Diktat", sagt Michi, der neben Aylin steht. „Wenn ich das Wort nur höre, dreht sich mir schon der Magen um." Er würgt und tut so, als käme ihm sein Pausenbrot gleich wieder hoch.
Aylin geht in Deckung.
„Michi, du bist ein Ferkel!", sagt Lisa.
„Lieber ein Ferkel, als eine blöde Ziege wie du", gibt er zurück.
„Bäh!", macht Lisa und streckt ihm die Zunge raus.
„Du hast …" Mitten im Satz bricht Michi ab und flitzt an seinen Platz, weil Herr Ammann hereinkommt.
Als alle sitzen, sagt Herr Ammann: „Bevor wir mit dem Unterricht beginnen, muss ich euch noch etwas sagen. Der Chef der Firma Beck ist ein Fußballfan. Er möchte,

dass wieder mehr Jungen und auch Mädchen Fußball spielen. Deshalb hat er einen Pokal gestiftet. Alle vierten Klassen unserer Stadt sollen in den Wochen vor Pfingsten gegeneinander antreten. Wer gewinnt, bekommt den Pokal."

„Der Pokal gehört uns!", ruft Ballack, der eigentlich Daniel heißt. Aber alle nennen ihn nur Ballack, weil Michael Ballack sein großes Vorbild ist. Für Ballack gibt es nichts Wichtigeres als Fußball. Er spielt in der D-Jugend des FC Winterlingen und gilt als sehr

talentiert. Zweimal wurde er schon zu Lehrgängen des Württembergischen Fußballverbandes eingeladen.
„Langsam, langsam", bremst ihn Herr Ammann. „Man soll das Fell des Bären nicht verteilen, bevor er erlegt ist."
„Welches Fell?", fragt Ballack, dessen Kopf nicht so schnell ist wie seine Beine.
„Das ist ein Sprichwort", erklärt Herr Ammann, „und es bedeutet, man soll erst feiern, wenn man den Sieg wirklich errungen hat."
„Ach so." Ballack lehnt sich zurück. „Ist doch klar, wer den Pokal gewinnt. Und wenn wir in den Wochen bis Pfingsten noch fleißig trainieren, haben die andern gegen uns keine Chance."
„Angeber!", ruft Lisa.
„Halt die Klappe, du blöde Ziege! Du hast doch keine Ahnung von Fußball."

„Na, na!", tadelt ihn Herr Ammann. „Wir wissen alle, dass du hier der Oberfußballer bist. Aber deswegen brauchst du nicht so grob zu werden. Und wer den Pokal gewinnt, ist noch lange nicht entschieden. Die anderen Schulen haben sicher auch gute Mannschaften. Die kennst du so wenig wie wir. Woher willst du wissen, wie sie spielen? Vielleicht haben sie keinen Superfußballer wie dich, aber auch ein Ballack macht noch lange keine Mannschaft!"
Ballack verschränkt die Arme vor der Brust und schmollt.
„Morgen Nachmittag treffen wir uns zum Sport gleich auf dem Sportplatz", sagt Herr Ammann. „Dann können wir alles Weitere klären und mit dem Training beginnen. Wer Kickschuhe hat …"
„Ich!", rufen ein paar Jungen.

„… lässt sie schön zu Hause. Wir trainieren in Turnschuhen."
„Och, das ist ja doof", brummen die Jungen enttäuscht.
„Keine Diskussion, und jetzt ist Schluss mit dem Thema, schließlich gibt es noch wichtigere Dinge im Leben als Fußball."
„Für mich nicht!", ruft Enes.

„Abwarten", sagt Herr Ammann und greift in seine Tasche. Er holt ein Buch heraus, setzt sich auf den Lehrertisch und beginnt zu lesen:

„Hast du schon mal geküsst?", fragt Antonia.
Maren nickt.
„Wirklich?" Antonia ist überrascht. „Wen denn?"
„Meinen Papa", antwortet Maren.

Antonia verdreht die Augen. „Das meine ich doch nicht. Ich meine, ob du schon mal einen Jungen geküsst hast."
Maren kichert.
„Hast du nun, oder hast du nicht?"
„Spinnst du?", fragt Maren und schüttelt heftig den Kopf.
Antonia schaut zu Leonie. „Und du?"
„Nö", sagt Leonie nur. Sie mag darüber nicht reden. Aber Antonia fängt immer wieder davon an.
„Hast du denn schon einen geküsst?", möchte Maren jetzt von Antonia wissen. Dabei kichert sie wieder.
„Fast", sagt Antonia.
„Wie fast?", hakt Maren nach.

Herr Ammann klappt das Buch zu und hebt den Kopf.
„Weiterlesen!", rufen die Ersten.
„Gefällt euch der Anfang der Geschichte?"

„Ja!!! Bitte lesen Sie weiter!"
Herr Ammann schmunzelt. „Das Buch heißt **Leonie ist verknallt**, und damit werden wir uns in den nächsten Deutschstunden beschäftigen."
Er geht zum Wandschrank, holt einen Stapel Bücher heraus und lässt sie verteilen. Sofort beginnen die Kinder zu lesen. Auch Ballack schlägt das Buch auf. Da stößt ihn sein Freund Enes in die Rippen und zischt: „Seit wann liest du denn so was?"
„Ich … äh … ich … wollte nur …", stottert Ballack und klappt das Buch wieder zu.
„Wir lesen doch keine Bücher, in denen dauernd geknutscht wird", sagt Enes und verzieht das Gesicht, als hätte er in eine Zitrone gebissen.

Das erste Training

Am Nachmittag beginnt Herr Ammann den Sportunterricht mit einem „kleinen Aufwärmprogramm", wie er es nennt: Warmlaufen, Gymnastik, Dehnen. Die meisten Kinder murren, weil sie das hassen. Einige sind schon nach diesem Aufwärmprogramm ziemlich geschafft und lassen sich auf den Rasen fallen.

„Wer jetzt schon außer Puste ist, kann nicht in der Mannschaft mitspielen", sagt der Lehrer.

„Will ich auch gar nicht", murmeln einige.

„Aber ich", sagt Julia zu ihrer Freundin Marie. „Unbedingt!"

Die ist nicht überrascht, denn neuerdings interessiert sich Julia sehr für Fußball. Schuld daran ist Florian aus der 4a. In den hat Julia sich nämlich verliebt, weil sie ihn soooo süß findet. Davon weiß er allerdings noch nichts. Julia hatte bisher nicht den Mut, es ihm zu sagen. Aber vielleicht kommt sie ja über den Fußball an Florian heran.

Herr Ammann rammt zweimal acht Stangen in den Boden.

„Stellt euch bitte in zwei Gruppen auf. Immer abwechselnd ein Junge, ein Mädchen, ein Junge, ein Mädchen."

Dann läuft er Slalom um die Stangen und macht vor, wie der Ball geführt werden soll: Umkurvt man die Stange rechts, mit dem Innenrist, umkurvt man sie links mit dem Außenrist.

„Bei Linksfüßern ist es genau umgekehrt", erklärt Herr Ammann.

„Das ist ja babyleicht", sagt Ballack, der sich an die Spitze einer Gruppe gestellt hat.

„Beim ersten Durchgang kommt es noch nicht auf die Schnelligkeit an", sagt Herr Ammann. „Wichtig ist nur, dass ihr den Ball richtig führt."
Ballack zischt trotzdem wie der Blitz durch die Stangen. Doch Cihan, sein Gegner aus der anderen Gruppe, bleibt nur wenig hinter ihm. Auch andere zeigen, dass sie mit dem Ball schon recht gut umgehen können. Aber manche Mädchen und Jungen haben große Mühe, den Ball durch die Stangen zu bugsieren. Bei einigen rollt der Ball nicht dahin, wo sie ihn haben wollen, sondern sie müssen dem Ball hinterherrennen. Der Lehrer gibt viele Ratschläge, und beim dritten Durchgang sieht alles schon besser aus. Dennoch sind die Unterschiede riesig. Die zeigen sich auch bei der nächsten Übung, dem Zuspielen des Balls auf zehn

Meter Entfernung. Manche bringen den Ball gar nicht so weit, andere kicken ihn an ihren Gegenübern vorbei. Wieder hilft der Lehrer mit Tipps, zeigt, wo das Standbein stehen und wie das Schussbein den Ball treffen muss.

Hannes, der von den meisten nur Dicki genannt wird, verliert bei dem Versuch, gegen den Ball zu treten, das Gleichgewicht und plumpst auf den Po.

„Ich kann das nie", meckert er, „und ich will es auch gar nicht können! Ich spiele lieber mit dem Computer, da schlage ich alle!"

„Und ich reite lieber, das ist viel schöner als gegen einen blöden Ball zu treten!", ruft Michelle.

„Ihr sollt ja auch keine Fußballprofis werden", sagt Herr Ammann, „aber Bewegung hat noch keinem geschadet."

„Ich bewege mich genug", meint Philipp, der ein guter Turner ist. „Dazu brauche ich keinen Fußball."

„Für dich trifft das zu, aber andere haben viel zu wenig Bewegung. Trotzdem …"

Der Lehrer hält inne und denkt nach.

Dann murmelt er leise vor sich hin: „Wenn wir eine gute Mannschaft stellen wollen, müssen wir richtig trainieren und das geht so nicht."

Enes hat alles gehört. „Genau! Mit den
Flaschen können wir nicht trainieren,
die treffen ja keinen Ball."
Obwohl Herr Ammann ähnlich denkt,
gefällt ihm Enes' Ton nicht. „Die 4b hat
jetzt Sport. Ich kann nicht die Kinder nach
Hause schicken, die keine Fußballer sind."

„Wir können doch beim Aufwärmprogramm
und solchen Sachen mitmachen", schlägt
Philipp vor und erntet dafür böse Blicke.
„Wenn die Fußballer dann trainieren,
schauen wir zu."
„Ja, wir sind die Fans!", ruft Lisa. „Wenn
unsere Klasse gegen andere Klassen

spielt, feuern wir sie an. Jede Mannschaft braucht Fans, wenn sie gewinnen will."
„Hm." Herr Ammann fährt sich durchs Haar. „Für ein paar Wochen könnten wir es so machen, wenn alle einverstanden sind. Wer möchte denn nicht spielen und lieber Fan sein?"

Sechs Mädchen und drei Jungen strecken die Hände hoch.
„Oh, das sind aber viele." Herr Ammann ist etwas überrascht. „Bringen wir mit dem Rest überhaupt noch eine Mannschaft zusammen?"
„Wir sind nicht der Rest", wehrt sich Ballack, „wir sind die Spitze! Und wenn

jetzt noch Flori, Alex und Slatti aus der 4a zu uns kommen, sind wir unschlagbar."
„Wie kommst du denn darauf, dass jemand von der 4a bei euch mitspielt?", fragt der Lehrer verwundert.
„Sie haben doch gesagt, jede Schule stellt eine Mannschaft und die spielen um den Pokal", antwortet Ballack.
„Da hast du mal wieder nicht richtig zugehört, Daniel. Ich habe gesagt, alle vierten Klassen unserer Stadt spielen um den Pokal. Unsere Schule hat zwei vierte Klassen, die Schulen der anderen Stadtteile jeweils nur eine. Da wäre es doch ungerecht, wenn wir aus zwei Klassen eine Mannschaft bilden könnten. Auf Unterstützung der 4a kannst du also nicht hoffen."
„Das ist ja doof", brummt Ballack, der sich alles schon so schön vorgestellt hatte.

„Aber gerecht", sagt Herr Ammann. „Und noch etwas: In jeder Mannschaft müssen mindestens drei Mädchen spielen, das hat der Pokalstifter ebenfalls bestimmt."
Davon sind einige Jungen gar nicht begeistert. Doch da in der 4b nur zwölf Jungen sind, von denen drei nicht mitspielen wollen, sind sie ohnehin auf die Mädchen angewiesen.

Kribbeln im Bauch

Ballack liegt auf seinem Bett und liest. Er ist so in die Geschichte vertieft, dass er nicht hört, wie die Tür aufgeht und jemand ins Zimmer kommt.
„Wenn du nicht Fußball spielst, liest du Fußballbücher", seufzt seine Mutter.
„Gibt es denn nichts anderes, was dich interessiert?"
Ballack fährt herum. „Mama! Du sollst nicht immer so hereinschleichen!"
„Ich bin nicht geschlichen", verteidigt sich seine Mutter. „Aber wenn du ein Fußballbuch liest, hörst und siehst du nichts mehr."

„Ich lese kein Fußballbuch."

„Was denn dann?" Sie greift nach dem Buch und liest den Titel: **Leonie ist verknallt**. Ein Lächeln zieht über ihr Gesicht. „Das muss ja ziemlich spannend sein, wenn du es freiwillig liest."

„Es ist oberlangweilig und freiwillig lese ich es auch nicht", entgegnet Ballack mit roten Backen. „Wir müssen bis morgen zwei Kapitel lesen." Er greift nach dem Buch. „Gib her, damit ich es hinter mich bringe!"

„Ach, das lest ihr gemeinsam in der Schule?"

„Mhm", macht Ballack nur.

„Ist das nicht ein wenig früh?"

„Wieso früh?"

„Na, mit verlieben und so, meine ich."

„Wir sind doch keine Babys mehr!"

„Soso." Jetzt muss seine Mutter

schmunzeln. „Warst du denn auch schon mal verknallt?"
Diesmal wird Ballack rot bis zu den Ohren. Trotzdem spielt er den Coolen und sagt nur: „Klar, was denkst du denn!"
„Davon weiß ich ja gar nichts."
„Geht dich auch gar nichts an."
„Stimmt!", sagt seine Mutter und wuselt ihm durchs Haar. Während sie zur Tür geht, dreht sie sich noch einmal um.
„Viel Spaß beim Weiterlesen!"
Kaum ist seine Mutter draußen, sucht Ballack die Stelle, wo sie ihn unterbrochen hat. Obwohl er kein

großer Leser ist, schafft er die zwei Kapitel locker – und er kann auch dann nicht aufhören. Nur einmal stockt er, nämlich an der Stelle, wo Leonie und Florian sich zum ersten Mal küssen. Ihm wird ganz heiß. Er dreht sich auf den Rücken und starrt an die Decke. Wie mag sich Küssen wohl anfühlen?, fragt er sich. Natürlich hat er schon geküsst: Mama und Papa – und auch seine Omas drücken ihm zur Begrüßung und zum Abschied immer Küsse auf die Backen. Dieses Geknutsche mag Ballack überhaupt nicht. Manchmal findet er es sogar richtig eklig. Bestimmt ist es ganz anders, wenn man ein Mädchen küsst, das man mag, denkt er. Sofort sieht er Sophia vor sich und spürt wieder das Kribbeln in seinem Bauch. Als Sophia gestern in der Zeichenstunde neben ihm saß, um ihm beim Malen eines Elefanten zu helfen, hat er dieses Kribbeln zum ersten Mal gespürt. Sie war so nah, dass er sie riechen konnte. Und sie roch gut. Sehr gut sogar! Ihm wurde irgendwie schwummerig und er fühlte sich so leicht, als schwebte er.

Die gut riechende Sophia zu küssen wäre bestimmt schön, denkt Ballack. Viel schöner als das Küssen von Mama, Papa oder gar den Omas.

Doch er kann sich nicht vorstellen, es zu tun. Und selbst wenn er den Mut hätte, vielleicht möchte Sophia ihn gar nicht küssen. Vielleicht findet sie ihn doof? Aber hätte sie ihm dann so einen schönen Elefanten gemalt?

Ballack spitzt die Lippen und drückt sie gegen seinen Handrücken. Dann legt er zwei Finger wie zu einem Mund zusammen und küsst sie. Na ja, das fühlt sich nicht gerade berauschend an. Er greift nach dem Buch und liest noch einmal, wie Leonie und Florian sich küssen. Die beiden scheinen es jedenfalls gut zu finden. Und im Fernsehen knutschen sie auch dauernd herum, denkt Ballack. Also kann es wohl nicht so eklig sein.

Er dreht sich wieder auf den Bauch und liest, weil er wissen möchte, wie es mit Leonie und Florian weitergeht.

Später schaut seine Mutter noch mal herein. Als sie sieht, dass er noch immer liest, stört sie ihn nicht, obwohl es höchste Zeit zum Schlafen ist. Sie schleicht auf Zehenspitzen hinaus und lächelt zufrieden.

Doppelpass

Zweimal haben sich die Fußballerinnen und Fußballer schon zum Sondertraining auf dem Sportplatz getroffen.
Heute teilt Herr Ammann die Kinder in zwei Mannschaften ein und lässt sie gegeneinander spielen, um zu sehen, wie sich die Einzelnen anstellen. Es wird schnell deutlich, dass sich Ballack und Enes auf der einen Seite, Cihan, Louis und Alessio auf der anderen Seite den Ball fast nur gegenseitig zuspielen. Auch

wenn die anderen Mädchen und Jungen mitlaufen und sich anbieten, bekommen sie ihn kaum. Nur Sophia wird zweimal von Ballack angespielt.

„Stopp!", ruft Herr Ammann. „Daniel, Enes, Cihan, Louis, Alessio, kommt bitte mal zu mir!" Als die fünf Jungen vor ihm stehen, sagt er: „Dass ihr gute Fußballer seid, das weiß ich. Aber wenn ihr den anderen keinen Ball abgebt, kann ich nicht sehen, wie gut sie sind. Sie sollen jetzt mal ohne euch spielen."

Die Fünf protestieren, doch der Lehrer bleibt hart. Und ohne die „Stars" können einige Mädchen und Jungen erst zeigen, was in ihnen steckt. Pauline, Aylin, Julia und Sophia leben regelrecht auf. Auch Joschka und Paul macht das Spiel jetzt sichtlich mehr Spaß. Herr Ammann beobachtet sie genau, um zu sehen, wo sie ihre Stärken und Schwächen haben. Aylin und Julia können gut mit dem Ball umgehen, doch ihnen fehlt noch der Blick für die Mitspieler. Sophia hat ein gutes Auge für Spielsituationen und bietet sich geschickt an, ist im Abschluss allerdings schwach. Pauline ist schnell und wendig, aber leider verstolpert sie öfter den Ball.

Ihre Stärke liegt eindeutig im Zerstören des gegnerischen Spiels. Ähnliches gilt für Paul, der im Zweikampf sehr geschickt ist, der jedoch nichts mit dem Ball

anzufangen weiß, wenn er ihn erobert hat.
Ein völlig anderer Spielertyp ist Joschka,
der ballsicher ist, gute Pässe schlagen
kann und Zweikämpfe nach Möglichkeit
vermeidet.

Laura, Yasimin und Josip geben sich
zwar Mühe, haben jedoch große
Schwierigkeiten beim Spiel mit und
ohne Ball. Bei Josip ist das allerdings
nicht schlimm, weil er als Torhüter der
D-Jugend des FC Winterlingen bei
richtigen Spielen sowieso im Tor stehen
wird.

Warum Rosali und Hülya sich zum Fußball gemeldet haben, ist Herrn Ammann ein Rätsel. Beide sind völlig untalentiert und stehen den anderen mehr im Weg, als dass sie mitspielen. Herr Ammann ruft alle zu sich und sagt ihnen, was er beobachtet hat. Dann ordnet er spezielle Übungen für die Mädchen und Jungen an, je nachdem, welche Stärken und Schwächen sie haben. Einige müssen lernen, den Ball zu führen, ohne ständig auf ihn zu schauen; andere sollen versuchen, aus dem Lauf heraus möglichst genau zuzuspielen; manche müssen üben, den Ball so anzunehmen, dass er nicht drei, vier Meter vom Fuß wegspringt.
Zu jeder Gruppe schickt Herr Ammann einen oder zwei der besseren Fußballer, die den anderen helfen sollen.

Ballack freut sich, dass Sophia in seiner Gruppe ist. Als ihr ein Zuspiel völlig misslingt, läuft er mit dem Ball zu ihr und stellt sich neben sie.

„Du darfst nicht mit der Pike kicken, du musst mit dem Innenrist zuspielen."

Sophia guckt ihn fragend an und sofort regt sich etwas in Ballacks Bauch. Für einen Moment vergisst er, wo er ist. Er hat nur Augen für Sophias Gesicht. Dann sieht er, wie sich ihre Lippen bewegen, aber es dauert eine Weile, bis ihn die Worte erreichen.

„Was ist eine Pike?"
„Äh … was … ach so …. ja", stammelt Ballack. „… zu der Schuhspitze sagt man Pike. Und das hier", er klopft mit der Hand an die Innenseite seines rechten Schuhs, „das ist der Innenrist. Mit dem musst du zuspielen, das ist sicherer."

„Schieß mal", bittet Sophia.
Ballack freut sich, dass er Sophia etwas zeigen kann. Er legt den Ball zurecht und macht es langsam vor. Zuerst im Stand, dann aus dem Lauf.

„Ich glaub, ich hab's kapiert", sagt Sophia. Sie nimmt den Ball, stellt den linken Fuß so neben ihn, dass er in Richtung Pauline zeigt. Dann holt sie mit dem rechten Bein Schwung und tritt mit dem Innenrist gegen den Ball, der Pauline vor die Füße rollt. „Ich kann's! Ich kann's!", ruft sie und springt vor Freude in die Luft.
„Ich probier's auch mal so", sagt Paul, der genau aufgepasst hat. Und auch sein Pass kommt an.
Herr Ammann tritt neben Ballack und klopft ihm auf die Schulter. „Du bist ein guter Trainer", lobt er ihn. „Sie sollen erst mal aus dem Stand zuspielen, dann aus dem Lauf."
Sophia, Pauline, Paul und Lukas strengen sich an und mit Ballacks Hilfe klappt es immer besser. Beim Zuspielen aus dem Lauf gibt es zwar noch etliche Fehlpässe,

doch die Fortschritte sind nicht zu übersehen. Auch in den anderen Gruppen wird konzentriert gearbeitet. Nach einer halben Stunde bläst der Lehrer in seine Trillerpfeife und versammelt die Kinder um sich.

„Ihr seid einen großen Schritt weitergekommen", lobt er sie. „Jetzt bilden wir wieder zwei Mannschaften und versuchen, das Gelernte gleich im Spiel umzusetzen."
Während Herr Ammann redet, stellt sich Ballack unauffällig neben Sophia.
Vielleicht hat er ja Glück und kommt so in ihre Mannschaft – Es klappt!
„Denkt dran, den Ball abzugeben", mahnt Herr Ammann, „besonders die Profis.
Denn alle wollen und sollen mitspielen!"
Dann wirft er den Ball ein und das Spiel beginnt. Cihan erwischt das runde Leder und stürmt sofort in Richtung Tor.

„Spiel ab!", ruft Ballack.
Doch Cihan denkt nicht daran. Er umkurvt drei Gegenspieler und schiebt den Ball zwischen die zwei Stangen, die Herr Ammann als Tor aufgestellt hat.
„Tor!", jubelt Cihan.
Doch außer ihm jubelt niemand. Im Gegenteil: Ballack kommt wütend auf ihn zu. „Wir sollen miteinander spielen, hat

Herr Ammann gesagt, und du gibst nicht ab, nur weil du ein Tor schießen willst. Du bist echt doof!"
Cihan zeigt ihm den Stinkefinger.
„He, pass bloß auf!"
„Cihan!", ruft Herr Ammann. „Noch eine solche Aktion und du spielst nicht mehr mit!"
Cihan brummt auf Türkisch etwas vor sich hin, was niemand versteht. Das Spiel geht weiter und alle bemühen sich, den Ball von Spieler zu Spielerin laufen zu lassen. Mit der Zeit werden auch die sicherer, die nicht im Verein sind. Einmal jagt Pauline Alessio sogar den Ball ab und kickt ihn sofort zu Ballack. Der läuft ein paar Schritte, schaut und sieht Sophia halb rechts mitlaufen. Er lockt Aylin von ihr weg, indem er so tut, als steuere er direkt aufs Tor zu. Als sie ihn angreift, schiebt

Ballack im richtigen Moment den Ball an ihr vorbei in den Lauf von Sophia. Die zögert nicht lange, zielt mit dem Innenrist aufs Tor – und trifft. Sie springt vor Freude in die Luft.

„Das war super!", ruft der Lehrer begeistert. „So müsst ihr miteinander spielen, dann werdet ihr eine gute Mannschaft!"

Ein Liebespaar

Nach dem Training machen sich die Kinder auf den Heimweg. Die meisten sind mit dem Fahrrad gekommen und zischen nun in verschiedene Richtungen ab. Rosali, Sophia, Louis, Cihan und Ballack wohnen nicht weit vom Sportplatz entfernt und gehen zu Fuß. Schon nach wenigen Metern schiebt sich Ballack neben Sophia. Als sie ihn bemerkt, strahlt sie ihn an. Ballack wird es ganz heiß. „Ohne deine Tipps und dein genaues

Zuspiel hätte ich nie ein Tor geschossen", sagt Sophie. „Ich freu mich so."
„Ich auch." Mehr bringt Ballack nicht heraus. Dabei würde er ihr gerne etwas sagen, aber nicht hier, wo es die anderen hören können.
„Wenn wir weiter so trainieren, gewinnen wir vielleicht den Pokal", meint Sophia. Während sie redet, geht Ballack etwas langsamer. Sophia ist so mit Fußball und dem Pokal beschäftigt, dass sie es nicht bemerkt und automatisch auch kleinere Schritte macht, um neben Ballack zu bleiben. Bald sind zwischen ihnen und den anderen mehrere Meter Abstand.
„He, wo bleibt ihr denn?", ruft Rosali.
„Guckt mal, die sehen aus wie ein Liebespaar", stichelt Louis.
„Passt auf, gleich küssen sie sich", feixt Cihan.

Ballack stürmt los und schlägt nach ihm. Cihan wehrt sich, hat gegen den wütenden Ballack jedoch keine Chance und flieht.

Auch Louis verzieht sich vorsichtshalber, damit er nicht noch etwas abbekommt.

„Spinnst du?", fragt Rosali. „Cihan hat dir doch gar nichts getan."
„Halt die Klappe und hau ab!"
„Ich kann stehen, wo ich will!"
Sophia geht an ihr vorbei, ohne ein Wort zu sagen. Ballack folgt ihr. Rosali würde ihnen am liebsten hinterherrufen: Ihr seid doch ein Liebespaar! Aber das traut sie sich nicht.

Sophia und Ballack gehen ein Stück schweigend nebeneinander. Als sie ihn vorhin angestrahlt hat, hätte er ihr beinahe gesagt, dass er sie mag. Jetzt kann er das nicht mehr. Cihan und Louis haben alles kaputtgemacht. Aber er möchte Sophia so gerne etwas Nettes sagen.

„Wollen wir morgen Nachmittag zusammen trainieren?", bringt er schließlich heraus.

„Gern", sagt sie und freut sich über das Angebot.

Sie verabschieden sich vor Sophias Haus. Ein Stück weiter tauchen plötzlich Cihan und Louis vor Ballack auf. Gegen beide hat er keine Chance, das weiß er. Doch Ballack kann sich nicht vorstellen, dass Louis sich wirklich mit ihm prügeln will. Immerhin spielen sie miteinander in der D-Jugend des FC Winterlingen. Trotzdem überlegt er, ob er nicht lieber abhauen soll. Da kommt Cihan schon auf ihn zu.

„Jetzt gibt's Prügel!", droht er.

Auch Louis macht ein paar Schritte, bleibt jedoch hinter Cihan zurück und schließlich stehen. Da ist Ballack sicher, dass er von Louis nichts zu befürchten hat, und vor Cihan allein hat er keine Angst.
Der hebt die Fäuste wie ein Boxer. „Ich und Louis werden dir jetzt …" Er schaut sich kurz um und merkt, dass Louis nicht direkt hinter ihm steht. „Louis, was ist?"

„Ach komm, hör auf, das bringt doch nichts", antwortet der.

„Wieso denn auf einmal?", fragt Cihan unsicher. „Wir wollten doch …"
„Vergiss es, ich schlag mich nicht mit Ballack."
„Feigling!"
„Der Feigling bist du", gibt Louis zurück. „Du traust dich ja alleine nicht!"
Cihan schaut Louis böse an und beschimpft ihn auf Türkisch. Louis versteht natürlich kein Wort. Aber er ahnt, was Cihan ihm alles an den Kopf wirft. Deswegen sagt er nur: „Du mich auch!"
Weiter schimpfend macht sich Cihan davon.
Ballack geht auf Louis zu und boxt ihn leicht gegen den Arm.
„Ich hab das mit dem Liebespaar nicht so gemeint", murmelt Louis.
Ballack wird sofort rot.

„Oder seid ihr doch eins?", rutscht es Louis heraus. Er erschrickt selbst über seine Worte und schlägt eine Hand vor den Mund. „Das wollte ich nicht sagen." Wortlos marschiert Ballack an ihm vorbei nach Hause.

Eine Überraschung

Im Deutschunterricht führt jedes Kind ein Lesetagebuch zu **Leonie ist verknallt**. Zuerst haben sie sich beim Verlag und im Internet Informationen über den Autor besorgt und das Wichtigste eingetragen. Nun schreiben sie zu jedem Kapitel eine kurze Inhaltsangabe und Herr Ammann stellt Fragen, die sie in ihrem Tagebuch beantworten sollen. Er kopiert auch Bilder aus dem Buch, die die Kinder einkleben und farbig anmalen. Manche geben sich sehr viel Mühe, sodass ihre

Lesetagebücher bald richtigen Büchern ähneln; andere machen die Arbeit lustlos, und entsprechend sehen ihre Werke aus. „Heute habe ich euch ein paar Fragen aufgeschrieben, von denen ihr zwei nicht beantworten müsst, wenn ihr nicht wollt", sagt Herr Ammann, während er ein Arbeitsblatt austeilt:

1. Welche Gefühle erlebt Leonie im Verlauf der Geschichte?
2. Wodurch werden diese Gefühle ausgelöst?
3. Hast du solche Gefühle auch schon erlebt?
4. Warst du auch schon mal „verknallt"?
5. Bist du auch schon eifersüchtig gewesen?

Die Fragen 4 und 5 musst du nicht beantworten, wenn du nicht möchtest.

Kaum hat sie die Fragen gelesen, dreht sich Lisa um, zeigt auf Julia und sagt: „Die ist in Flori aus der 4a verknallt."
„Und Ballack in Sophia!", ruft Cihan.
Herr Ammann geht energisch dazwischen.
„Schluss damit! Ich habe euch nicht gefragt, wer eurer Meinung nach in wen verknallt ist, sondern ob ihr selbst schon mal verknallt wart. Und jetzt will ich kein Wort mehr hören! Ihr beantwortet die Fragen, und zwar jede und jeder für sich!"

Die Kinder beugen sich mucksmäuschenstill über ihre Arbeitsblätter. Auch die vorlauten wissen, dass es jetzt ratsam ist, den Mund zu halten.

Während die Kinder über Leonies Gefühle nachdenken und schreiben, schielt Ballack mit klopfendem Herzen zu Sophia hinüber. Sie blättert gerade im Buch und scheint eine bestimmte Stelle zu suchen.

Plötzlich hält sie inne, dreht langsam den Kopf und ihre Blicke treffen sich. Ballack spürt sofort die Schmetterlinge im Bauch flattern und die Hitze in den Kopf steigen.

„He, Daniel, du träumst wohl schon wieder vom Fußball", reißt ihn Herr Ammann aus dem wunderschönen Gefühl. „Hier ist jetzt das Spielfeld!" Dabei tippt er mit dem Zeigefinger auf das Arbeitsblatt – und stutzt. „Oh", sagt er, nimmt das Blatt in die Hand, liest Ballacks Antworten und schaut ihn erstaunt an. „Das ist ja ausgezeichnet. Hast du das Buch etwa schon ganz gelesen?"

Ballack nickt.

„Hm", macht der Lehrer. „Schön, dass du so viel Spaß am Lesen hast. Das ist wichtig. Es gibt schon genug Fußballer, in deren Kopf nicht viel mehr drin ist als in einem Fußball." Er legt das Blatt wieder hin und geht weiter durch die Reihen.

„Hast du das Buch wirklich schon ganz gelesen?", flüstert Enes.

Ballack antwortet nicht.

Enes macht den Hals lang, um Ballacks Antworten lesen zu können. Doch der dreht das Blatt schnell um.

„Spinnst du, oder was ist los mit dir?"

„Lass mich in Ruhe", sagt Ballack nur.

Enes zeigt ihm einen Vogel und rutscht ein Stück weg.

Herr Ammann klatscht in die Hände. „So, Kinder, die Zeit ist um. Wer möchte seine Antworten vorlesen?"

Sofort schnellen ein paar Hände hoch. Der Lehrer wartet noch einen Augenblick, da beginnen die ersten mit den Fingern zu schnippen.

„Wer schnippt, kommt nicht dran", sagt Herr Ammann. Er schaut Ballack an, aber dessen Hand bleibt unten.

Ich dich auch

Ballack läuft mit dem Ball unter dem Arm zum Sportplatz. Er ist so aufgeregt wie sonst nur vor besonders wichtigen Spielen. Obwohl er zu früh dran ist, sieht er Sophia schon vor dem Eingang stehen.

„Hallo! Wartest du schon lang?"
„Nö, bin eben erst gekommen."
Sie gehen hinein. Ein paar größere
Jungen kicken auf ein Tor.
„Macht nichts", sagt Ballack, „in der
anderen Hälfte ist Platz genug für uns."
„Machen wir auch ein Aufwärmprogramm
wie bei Herrn Ammann?", fragt Sophia.
„Wenn du unbedingt willst", antwortet
Ballack in einem Ton, der zeigt, dass
er dazu keine Lust hat.
Sophia schüttelt den Kopf, dass ihre
Haare fliegen. „Nein, nein, überhaupt
nicht. Ich spiele viel lieber mit dem Ball."
„Ich auch." Ballack guckt Sophia an.
Er will in ihr jetzt nicht das Mädchen
sehen, in das er heimlich verliebt ist.
Sie ist jetzt nichts weiter als eine
Mannschaftskameradin, mit der er
trainiert.

Sie stellen sich fünf, sechs Meter voneinander entfernt auf und beginnen mit einfachen Übungen: den Ball flach zuspielen und stoppen, immer mit dem Innenrist. Langsam vergrößern sie den Abstand bis etwa 15 Meter zwischen ihnen sind. Sophia macht das recht gut, auch wenn nicht jedes Zuspiel klappt.

„Jetzt probieren wir das Ganze im Laufen", sagt er. „Ich spiele zu dir, du stoppst den Ball, führst ihn ein paar Schritte und kickst ihn wieder zu mir. Dabei ist wichtig, dass der Ball immer ein Stück vor uns ankommt, damit wir weiterlaufen können."
Sophia nickt. Sie trabt los und versucht, alles richtig zu machen. Trotzdem rollt der Ball anfangs mal zu weit nach vorn, mal landet er hinter Ballack oder verhungert unterwegs.

„Ich kann das einfach nicht", klagt Sophia, nachdem sie über den Ball gestolpert und gestürzt ist.

„Das stimmt nicht", sagt Ballack und läuft zu ihr, „du kannst es schon ganz prima."

„Das sagst du nur, weil …" Sophia stockt und schaut zu Boden.

Jetzt schafft Ballack es nicht mehr, in ihr die Mannschaftskameradin zu sehen.

Er hockt sich zu ihr ins Gras, beißt sich auf die Unterlippe und weiß nicht, was er sagen oder tun soll. In Bauch und Brust hat er ein Gefühl, das gleichzeitig weh- und gut tut.

Er reißt Grashalme aus und zwirbelt sie so lange zwischen den Fingern, bis sie kleine Kügelchen sind, die er dann wegschnippt. Eines fliegt Sophia ins Haar. Sie tastet danach, greift jedoch immer daneben.

„Warte", sagt Ballack. Er rutscht dicht an sie heran und holt das Graskügelchen aus ihrem Haar. Jetzt riecht Sophia ganz anders als in der Zeichenstunde. Zu dem Duft von damals kommt ein salziger Schweißgeruch und noch ein zarter neuer, den Ballack bisher noch nie gerochen hat.

„Ich sag das nicht nur, weil … weil ich dich mag", murmelt er so leise, dass es kaum zu hören ist, und guckt dabei auf den Grashalm zwischen seinen Fingern.
„Wirklich?"
Ballack nickt. „Du kannst prima Fußball spielen."

„Das meine ich nicht." Sophia schaut ihn an. „Du magst mich wirklich?"
Wieder nickt er.
„Ich dich auch."
Ballack schaut Sophia an und weiß nicht, was er jetzt sagen oder tun soll.

„He, was macht ihr denn da?", ruft plötzlich jemand. „Auf dem Sportplatz wird trainiert und nicht mit Mädchen rumgemacht!"
Drei der Jungen, die vorhin auf das andere Tor gekickt haben, kommen

angelaufen. Einer von ihnen erkennt Ballack und fragt: „Seit wann spielst du denn mit Mädchen?"
Ballack antwortet nicht.
„Ich hab dich was gefragt!"
„Das geht dich gar nichts an", brummt Ballack.
„Werd nicht frech, sonst gibt's was aufs Maul!", droht der Junge.
„Du hast doch vorhin mit der trainiert", sagt ein anderer. „Kickst du jetzt nicht mehr beim FCW, sondern lieber mit Weibern?"
Die Jungen lachen.
„Ihr seid doof!", ruft Sophia.
„Jetzt wird sie auch noch frech, die Kleine", sagt der Erste. „Na, dann steh mal auf und zeig, was du kannst!", spottet er, greift nach Sophias Arm und will sie hochziehen.

„Pfoten weg!", zischt sie und schlägt ihm auf die Hand.

„Lass sie los!", ruft Ballack wütend.

„Wenn sie nicht will, spielen wir mit eurem Ball", sagt einer und schnappt ihn. „Los, kommt!", ruft er seinen Freunden zu.

Sie treiben den Ball über den Platz. Ballack rast hinterher und will ihn zurückholen, doch gegen drei hat er keine Chance. Auch als Sophia ihm zu Hilfe kommt, erwischen sie den Ball nicht.

„Weil ihr so toll gerannt seid, kriegt ihr eure Kugel wieder", sagt einer. „Nicht dass ihr noch zu heulen anfangt." Er kickt ihn weit in die andere Platzhälfte, dann schlendern die drei lachend in Richtung Ausgang.

„Ich könnte die …" Sophia ballt die Fäuste und fletscht die Zähne.

„Ich auch!"

„Nur weil sie größer sind und zu dritt ...!"

„Aber wir haben uns jedenfalls gewehrt",
sagt Ballack.

„Genau."

Sie holen den Ball und Ballack fragt:

„Sollen wir weitertrainieren?"

„Jetzt hab ich irgendwie keine Lust mehr",
antwortet Sophia.

„Ich auch nicht", sagt Ballack.

Dicht nebeneinander gehen sie über den
Platz zum Ausgang.

Die Mannschaftsaufstellung

In den nächsten zwei Wochen nutzen die Mannschaften der vierten Klassen jede Gelegenheit zum Training. Und je näher das erste Spiel rückt, desto nervöser werden die Mädchen und Jungen – und ihre Sportlehrer!

„Macht euch nicht verrückt", versucht Herr Ammann seine Klasse zu beruhigen. „Ihr habt gut trainiert und seid fit. Mehr könnt ihr nicht tun. Wenn wir nicht gewinnen, geht die Welt auch nicht unter. Dann sind wir eben gute Verlierer."

„Wir verlieren aber nicht!", rufen einige.
„Das würde mich freuen, doch wie gesagt, es wäre kein Weltuntergang."
Herr Ammann faltet ein Blatt Papier auseinander. „Gestern wurden die acht

teilnehmenden Mannschaften per Los zwei Gruppen zugeteilt. Wir sind mit Harthausen, Stetten und Bitz in einer Gruppe, die 4a ist mit Benzingen, Straßberg und Frohnstetten in der anderen. Die beiden Gruppensieger werden am Samstag vor Pfingsten das Endspiel bestreiten. Morgen Nachmittag beginnen die Gruppenspiele. Unser erster Gegner ist die Grundschule Harthausen."

„Die schlagen wir!", ruft Louis. „Gegen Harthausen haben wir auch mit der D-Jugend gewonnen."

Herr Ammann hebt abwehrend die Hände. „Am Anfang steht es immer 0:0 und jedes Spiel ist anders. Wie schon der alte Sepp Herberger gesagt hat: ‚Der nächste Gegner ist immer der schwerste.'" Er hält das Blatt hoch. „Hier stehen aber nicht nur die zwei Gruppen drauf, hier steht auch die Mannschaftsaufstellung für das erste Spiel."

Nach diesen Worten steigt die Spannung, vor allem bei den Wackelkandidaten. Ballack schaut kurz zu Sophia und drückt ihr die Daumen.

„Wir beginnen mit Josip im Tor. Enes ist letzter Mann und Chef der Abwehr. Gleichzeitig ist er eine Art Feuerwehr, die dafür sorgen soll, dass hinten nichts anbrennt, wie die Fußballer sagen. Vor ihm spielen in einer Vierer-Kette Alessio, Paul, Louis und Pauline."

Pauline springt jubelnd von ihrem Stuhl hoch, der auf den Boden poltert. Der Lehrer wartet, bis sie sich beruhigt hat und wieder sitzt. Dann fährt er fort: „Unser Mittelfeld bilden Sophia, Daniel und Joschka."

„Ja!", ruft Sophia spitz.
Ballack freut sich riesig. Er würde am liebsten zu ihr laufen und sie in die Arme nehmen. Sophia darf mitspielen und dann auch noch neben ihm im Mittelfeld! Er schaut wieder zu ihr hinüber und nickt. Sie strahlt ihn an, dass ihm noch heißer wird, als ihm ohnehin schon ist.

„Und im Angriff spielen wir mit Cihan und Aylin", vollendet Herr Ammann die Aufstellung. „Lukas, Julia, Laura, Yasimin, Rosali und Hülya werde ich bei Bedarf einwechseln."
Julia ist am meisten enttäuscht, dass Herr Ammann sie nicht aufgestellt hat.

Sie kann die Tränen nicht zurückhalten. Ihre Freundin Marie versucht sie zu trösten. Der Lehrer streicht ihr übers Haar und sagt: „Ich verstehe, dass du enttäuscht bist, Julia, aber du darfst auf jeden Fall noch mitspielen. Du und die anderen Auswechselspieler gehören genauso zu unserer Mannschaft und ich bin froh, dass ich euch habe. Vielleicht bist du bei den nächsten zwei Spielen sogar von Anfang an dabei, wer weiß?" Julia schnieft und wischt sich die Tränen weg. Herr Ammann geht nach vorne und schreibt an die Tafel:

Spielbeginn: Samstag, um 17.00 Uhr
Treffpunkt: Sportplatz beim Freibad, um 16.30 Uhr
Spielkleidung: rotes T-Shirt, weiße Sporthose

„Ich habe keine weiße Sporthose", sagt Aylin.
Herr Ammann zieht die Augenbrauen hoch. „Dann musst du dir eine besorgen."
„Du kannst meine haben", sagt Josip. „Ich zieh sowieso eine Trainingshose an."
„Braucht sonst noch jemand etwas?", fragt der Lehrer. „Ich möchte nicht, dass wir kurz vor dem Spiel noch nach T-Shirts, Sporthosen oder Turnschuhen suchen müssen!"

Als sich niemand meldet, schreibt er zum Schluss:

> Wichtig: keine Fußballschuhe,
> nur Turnschuhe!

„So, das notiert ihr euch jetzt alle ins Hausaufgabenheft."
„Wieso müssen das auch die aufschreiben, die gar nicht mitspielen?", fragt Philipp.
„Weil auch die Fans pünktlich am richtigen Ort sein müssen", antwortet der Lehrer.
Lisa meldet sich. „Wir könnten doch auch rote T-Shirts anziehen, dann ist klar, dass wir die Fans unserer Mannschaft sind."
„Das ist eine gute Idee", sagt Herr Ammann.

Platzen vor Glück

Bis auf Paul ist die Klasse 4b um halb fünf vollständig auf dem Sportplatz versammelt.
„Es wäre ja auch das erste Mal, dass keiner verpennt", brummt Herr Ammann ärgerlich. Er schickt die Spielerinnen und Spieler zum Aufwärmen auf den Platz.

„Soll ich schnell mit dem Fahrrad zu Paul fahren und ihn holen?", fragt Philipp.
Der Lehrer schüttelt den Kopf. „Wenn er in fünf Minuten nicht hier ist und einen guten Grund für seine Verspätung hat, spielt Julia für ihn."

Die Mannschaft aus Harthausen ist auch schon auf dem Platz, und langsam trudeln Eltern, Geschwister und Freunde der Fußballerinnen und Fußballer ein. Nur von Paul ist nichts zu sehen.

„Julia, komm mit!", sagt Herr Ammann und geht mit ihr auf den Platz. „Hört mal alle her! Joschka spielt für Paul in der Abwehr, Julia nimmt Joschkas Platz im Mittelfeld ein."
Julia strahlt – nun ist sie doch beim ersten Spiel mit dabei.

Herr Ammann gibt letzte Anweisungen und wenig später wird das Spiel angepfiffen. Es zeigt sich schnell, dass die Mädchen und Jungen sehr nervös sind, denn auf beiden Seiten gibt es viele Abspielfehler. Einer davon beschert Harthausen die erste Torchance, doch Josip wirft sich dem Mittelstürmer mutig in den Weg und begräbt den Ball unter sich.

„Ruhig spielen!", ruft Ballack den anderen zu. „Und immer zum freien Mann!" Zusammen mit Louis, Enes und Joschka bringt er langsam Ruhe ins Spiel der 4b. Von Minute zu Minute läuft der Ball besser durch die Reihen, und Ballack taucht überall auf, um auszuhelfen und sich anzubieten. Einmal erhält er im Mittelkreis den Ball, ruft Sophia „Komm!" zu, spurtet los und umkurvt die erste Gegnerin. Sophia läuft rechts mit, Cihan links. Auch den zweiten Harthauser lässt Ballack mühelos stehen. An der Strafraumgrenze löst sich Cihan von seinem Gegenspieler. Er steht frei – doch Ballack spielt ihm den Ball nicht zu. Er wartet, bis Sophia sich dem Strafraum nähert, und schiebt ihr den Ball in den Lauf wie im Training. Sophia schießt überhastet – der Ball kullert dem Torhüter in die Hände.

„He, du blindes Huhn!", faucht Cihan Ballack an. „Ich war frei, das wäre garantiert ein Tor geworden!"

Ballack dreht wortlos ab, läuft an Sophia vorbei und ruft ihr zu: „Beim nächsten Mal klappt's!"

Aber Sophia vergibt auch die zweite große Chance, und zur Halbzeit steht es immer noch 0:0.

„Ich bin sehr zufrieden mit euch", sagt Herr Ammann in der Halbzeitpause. „Nach dem schwachen Start habt ihr euch gut gefangen. Ihr müsst nur eure Torchancen besser nutzen."

„Wenn der mir keinen Ball gibt", beschwert sich Cihan und zeigt auf Ballack.

Herr Ammann legt den Finger an die Lippen. Dann schaut er Ballack an.
„Cihan hat sich ein paarmal schön freigelaufen, warum hast du ihn nicht angespielt?"
„Weil ich ihn nicht gesehen habe", murmelt Ballack.
Der Lehrer runzelt die Stirn. „Komm mal mit", sagt er und geht mit Ballack zur Seite. „Du möchtest unbedingt, dass Sophia ein Tor schießt – ich kann mir auch denken warum." Er zwinkert und legt Ballack die Hand auf die Schulter. „Sie hat in den letzten Wochen wirklich viel gelernt und spielt prima mit, aber sie ist keine Torjägerin. Du überforderst sie, dadurch wird sie vor dem Tor noch nervöser und es gelingt ihr gar nichts mehr. Das willst du doch nicht, oder?"
Ballack schüttelt den Kopf.

„Also Daniel, nach dem Spiel darfst du gern an Sophia denken, während des Spiels musst du dich jedoch auf die Mannschaft konzentrieren!"
Ballack nickt.
Auf dem Weg zur zweiten Halbzeit flüstert Sophia Ballack zu: „Ich hab schon gedacht, Herr Ammann wechselt mich aus."
„Er hat dich gelobt", flüstert er zurück. „Und wenn du kein Tor schießt, ist das gar nicht schlimm."
„Hauptsache, wir gewinnen."
„Das werden wir!", sagt Ballack und strahlt Sophia an.
Kurz nach Wiederanpfiff nimmt Pauline einem Harthauser den Ball ab und kickt ihn einfach nach vorn. Julia will ihn stoppen, doch er springt ihr weit vom Fuß. Bevor ein Gegner ihn erwischt, kommt

Ballack angesaust, schnappt ihn und
umkurvt zwei Harthauser Spieler wie
Slalomstangen.
„Spiel ab!", ruft Cihan in der Mitte.
Alle rechnen mit einem Pass, und zwei
Abwehrspieler laufen gleichzeitig zu
Cihan. Die dadurch entstehende Lücke
nutzt Ballack sofort. Er stürmt allein
aufs Tor zu und schiebt den Ball am
herauslaufenden Torhüter vorbei ins Netz.

Die Fans bejubeln das 1:0. Und auch die Mannschaft ist begeistert von dem tollen Alleingang. Ballack wird abgeklatscht und von allen Seiten gelobt. „Super, Dani!", sagt Sophia – und über ihr Lob freut er sich am meisten. Das Spiel geht weiter, die 4b wird immer überlegener und schon wenige Minuten später erzielt Cihan auf Zuspiel von Ballack das 2:0. Dieses Ergebnis macht einige etwas übermütig. Enes und Louis versuchen zu zaubern, was beinahe ins Auge geht. Herr Ammann schimpft an der Seitenlinie und fordert mehr Konzentration. In diesem Augenblick kommt Paul mit verheultem Gesicht angerannt.

„Wo warst du?", schimpft der Lehrer. Sofort schießen Paul wieder Tränen in die Augen. „Ich ... war ... mit meiner Mutter ... in Balingen ... und auf dem Heimweg hatten wir ... eine Panne", bringt er schluchzend heraus.

„Dann kannst du ja nichts dafür", sagt Herr Ammann schon versöhnlicher. „Nun beruhige dich mal und schau dem Spiel zu. Es läuft ganz gut, wir führen 2:0."

Harthausen wirft noch einmal alles nach vorn, um den Anschluss und vielleicht auch noch den Ausgleich zu erzielen. Dadurch ergeben sich für die 4b gute Kontermöglichkeiten. Eine davon leitet Joschka ein, indem er eine Flanke wegköpft. Der Ball fliegt zu Aylin, die zu Ballack spielt, der sofort abzischt. Cihan bietet sich an und mit einem herrlichen Doppelpass lassen sie zwei Gegner hinter

sich. Wie beim 1:0 kommt der Torwart heraus, um den Winkel zu verkürzen. Doch diesmal schießt Ballack nicht, sondern spielt quer zur mitgelaufenen Sophia, die den Ball nur noch ins leere Tor schieben muss.
„Tor!", jubelt sie, läuft zu Ballack und drückt ihm einen Kuss auf die Backe. „Ich hab ein Tor geschossen!" Vor lauter Freude küsst sie ihn gleich noch mal, und beide schweben auf Wolke sieben. Als der Schiedsrichter wenig später abpfeift, stürmen die Fans der 4b

begeistert das Spielfeld. Auch Herr Ammann freut sich sehr. „Ihr habt toll gespielt! Die erste Hürde auf dem Weg ins Endspiel haben wir geschafft. Das feiern wir!"

„Au ja", rufen alle begeistert. Ballack und Sophia schauen sich strahlend an.

„Feiern wir dein Tor nachher auch zu zweit?", fragt er sie leise.

Sophia nickt. Beide könnten platzen vor Glück.

Manfred Mai ist seit fünfzig Jahren Fußballer. Angefangen hat er als kleiner Knirps bei seinem Heimatverein, dem FC Winterlingen. Dort spielt er aus Spaß auch heute noch bei den Senioren. Dabei merkt er allerdings von Jahr zu Jahr deutlicher, dass die Beine nicht mehr so können wie der Kopf es möchte. Deswegen verbringt er inzwischen mehr Zeit am Schreibtisch als auf dem Sportplatz. Und manchmal schreibt der alte Fußballer dann Geschichten für junge Fußballer, damit sie nach dem Abpfiff etwas zu lesen haben.

Heribert Schulmeyer studierte an der Kölner Werkschule und machte 1981 seinen Abschluss. Seitdem arbeitet er als freier Illustrator in Köln. Als knochenharter linker Verteidiger nahm er seit seiner Schulzeit an zahlreichen Wald-und-Wiesen-Turnieren teil. Wegen eines Bandscheibenvorfalls legte er 1986 einen Rückzieher hin.

Leserätsel
mit dem Leseraben

Super, du hast das ganze Buch geschafft!
Hast du die Geschichte ganz genau gelesen?
Der Leserabe hat sich ein paar spannende
Rätsel für echte Lese-Detektive ausgedacht.
Mal sehen, ob du die Fragen beantworten
kannst. Wenn nicht, lies einfach noch mal
auf den Seiten nach. Wenn du die richtigen
Antwortbuchstaben in die Kästchen auf Seite 90
eingesetzt hast, bekommst du das Lösungswort.

Fragen zur Geschichte

1. Warum findet ein Pokalspiel aller vierten
   Klassen im Ort statt? (Seite 5/6)
   - T: Weil der Chef der Firma Beck einen Pokal gestiftet hat.
   - Z: Weil jedes Jahr ein Fußballturnier veranstaltet wird.

2. Warum wird Daniel „Ballack" genannt? (Seite 6)
   - A: Weil Daniel mit Nachnamen Ballack heißt.
   - O: Weil der Fußballspieler Michael Ballack sein großes Vorbild ist.

3. Was hält Ballack vom Küssen? (Seite 26/27)
  R: Bei einem Mädchen wie Sophia könnte er es sich vorstellen.
  B: Er findet Küssen total eklig.

4. Warum sagt Ballack Sophia, dass er sie mag? (Seite 61)
  E: Weil sie so schlecht Fußball spielt und er sie trösten will.
  A: Weil er wirklich in sie verknallt ist.

5. Sollen die Spielerinnen und Spieler der Klasse 4b beim Fußballspiel Turnschuhe oder Fußballschuhe tragen? (Seite 74)
  R: Turnschuhe, weil nicht alle Schüler Fußballschuhe besitzen.
  U: Fußballschuhe, weil die besser geeignet sind.

6. Warum darf Julia beim Turnier schließlich doch mitspielen? (Seite 77)
  N: Weil Herr Ammann seine Meinung ändert und Julia doch mitspielen lässt.
  T: Weil Paul nicht rechtzeitig kommt und sie deshalb Joschkas Platz einnimmt.

Lösungswort:

1	2	3	W	5	6
			4		

Super, alles richtig gemacht! Jetzt wird es Zeit für die RABENPOST.
Schicke dem LESERABEN einfach eine Karte mit dem richtigen Lösungswort. Oder schreib eine E-Mail.
Wir verlosen jeden Monat 10 Buchpakete unter den Einsendern!

An den LESERABEN
RABENPOST
Postfach 20 07
88190 Ravensburg
Deutschland

leserabe@ravensburger.de
Besuche mich doch auf meiner Webseite:
www.leserabe.de

1. Lesestufe für Leseanfänger ab der 1. Klasse

ISBN 3-473-36038-4

ISBN 3-473-36036-8

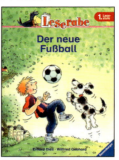
ISBN 3-473-36014-7

ISBN 3-473-36037-6

2. Lesestufe für Erstleser ab der 2. Klasse

ISBN 3-473-36043-0

ISBN 3-473-36041-4

ISBN 3-473-36039-2

ISBN 3-473-36021-X

3. Lesestufe für Leseprofis ab der 3. Klasse

ISBN 3-473-36054-6

ISBN 3-473-36051-1

ISBN 3-473-36024-4

ISBN 3-473-36052-X

Gute Idee.